1

Deutsch mit Olli

Fibel

Schreiblehrgang

Schulausgangsschrift

von

Jutta Wild-Penseler

illustriert von

Petra Eimer (Papageien)

Hendrik Kranenberg

Cornelsen

Inhalt

Ergänzende Hinweise

Das Nachspuren und Schreiben der Buchstaben und Wörter sollte mit einem Bleistift erfolgen. Schwierigkeiten können in der Schulausgangsschrift Buchstaben mit Deckstrichen bereiten (z. B. a, c, d, g, o, p, qu).

Drei Arten von Verbindungen sind zudem relevant:

- einzügige Verbindung von der Grundlinie aus, z. B. ei, eu, au, Ka, Ma, Li,
- angesetzte Verbindung an der Grundlinie, z. B. Ba, De, Do, Tr,
- einzügige Verbindung an der Oberlinie des Mittelbandes, z. B. Af, Fa, He, ba, or, rs, xe.

Bei der Buchstabeneinführung ist die Verbindungsstelle jeweils blau markiert, z. B.: 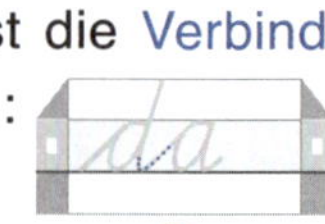

Auf den Seiten zum Wiederholen und Üben präsentiert die Begleitfigur Olli „wichtige Wörter“, die dem Grundwortschatz entnommen sind. Das zugehörige Symbol am Seitenrand 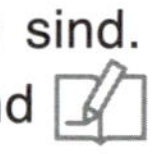 weist darauf hin, diese Wörter ins Heft zu schreiben. Gleiches gilt für die Abschreibtexte auf Seite 62. In diesem Inhaltsverzeichnis können die Kinder ankreuzen oder markieren, welche Seiten sie bereits bearbeitet haben. ☒

von oben nach unten

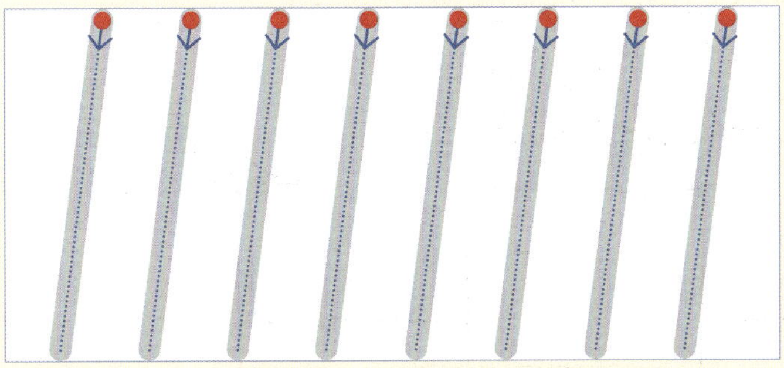

auf und ab

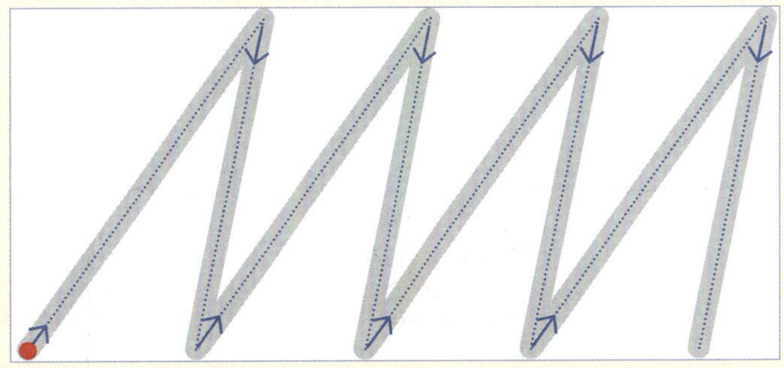

Bögen unten

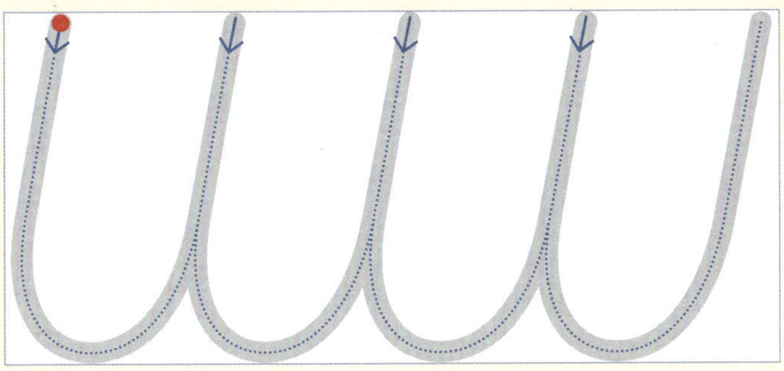

Bögen oben

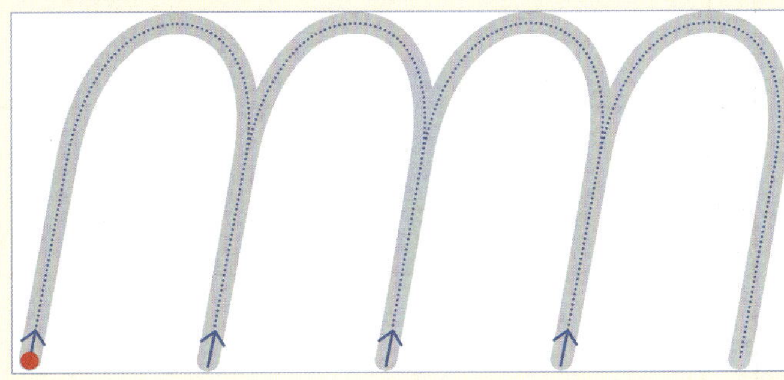

Ovale

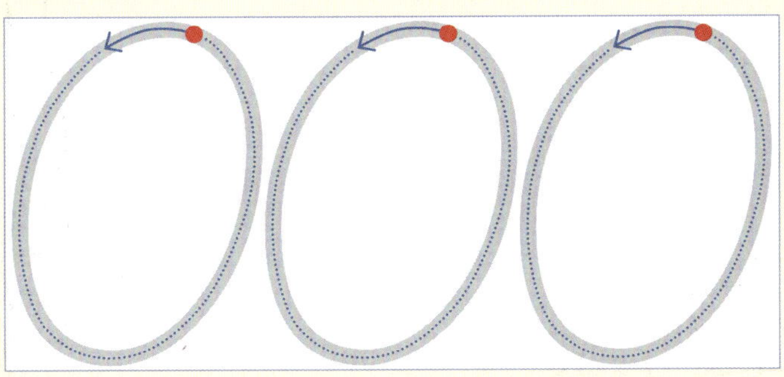

Wellen

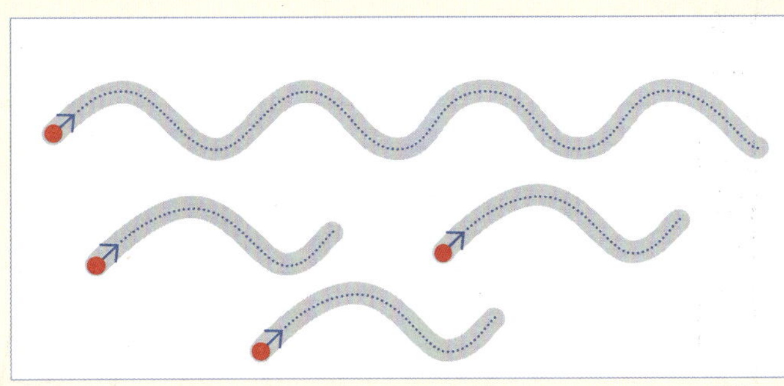

Schleifen oben

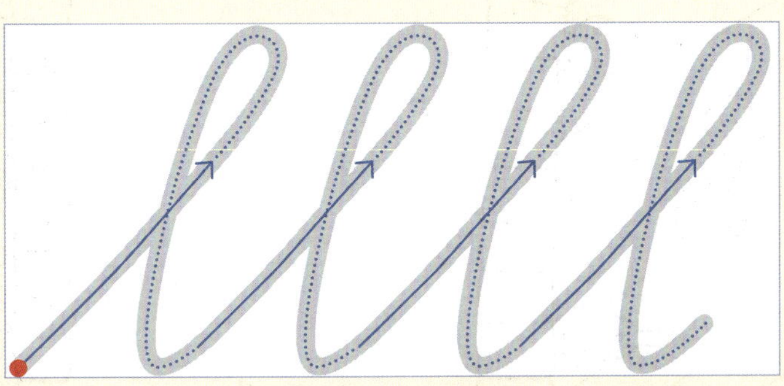

Schleifen unten

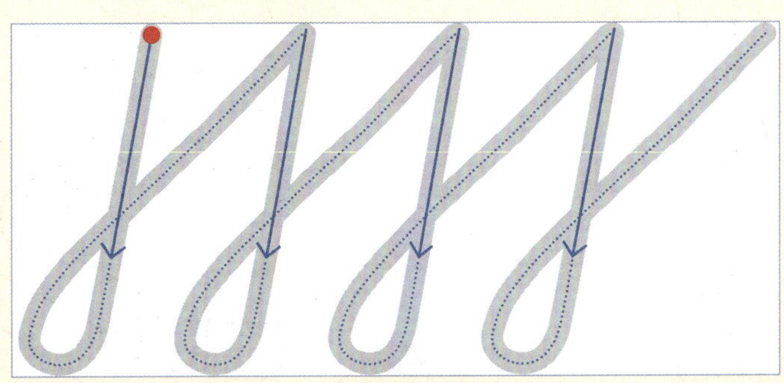

Male diese Linien auch auf großes Papier, an die Tafel, in den Sand, in die Luft …

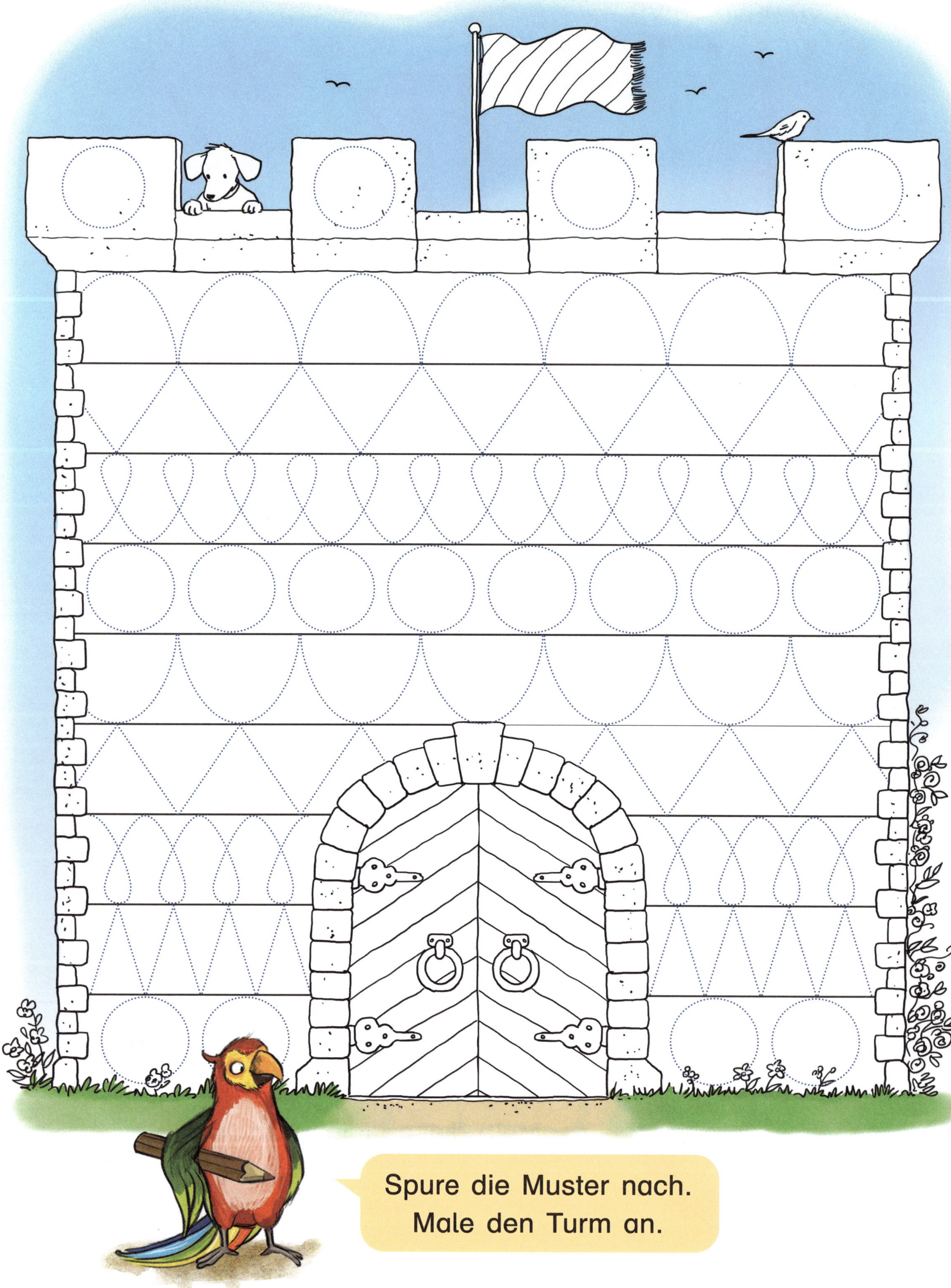

Spure die Muster nach.
Male den Turm an.

i

u

Im u steckt i.

n

m

n

m

Achte auf
die Verbindung.

i n → in

n

m

i *n* *in*

i *m* *im*

u *m* *um*

n *n* *nn*

m *m* *mm*

nun

a

d

a *a* *a*

d *d* *d*

Bei *a* und *d* geht es immer vor und zurück.

a *a*

d *d*

a *u* *au* *au*

a *n* *an* *an*

a *m* *am* *am*

d *u* *du* *du*

d *a* *da* *da*

dann *dann*

c

o

c c c

o o o

Verbinde o
am Häkchen.

om → om

c c c

o o o

o n on on

o m om om

n o no no

c o co co

c m cm cm

adco adco

i u n m a d c o

i

in *um* *am*

nun *dann*

e

e e e e e e e

Das e ist eine kleine Schleife.

e e e

e i ei ei

e u eu eu

i e ie ie

eine eine

neue neue

die die

l

l

l l l l l l

Das *l* ist eine große Schleife.

l l

l l

l e le le

l i li li

l a la la

alle alle

malen malen

lila lila

b

b b b b b b b

Verbinde so.

be → be

b b b

b b

b ei bei bei

b l bl bl

o b ob ob

beide beide

blau blau

oben oben

f

Das *f* geht
in den Keller.

f a fa

f ei fei

f f ff

faul

fein

offen

h

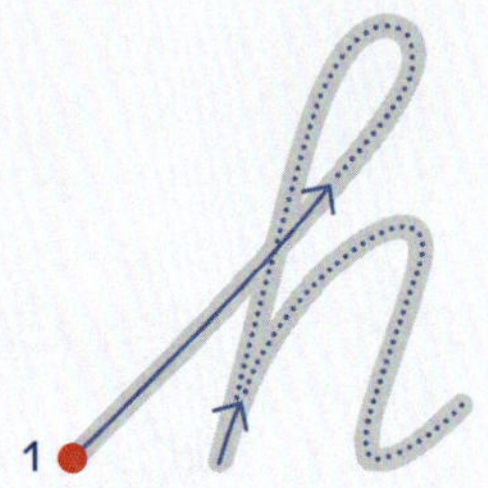

h h h h h h

h h h

h h

c h ch ch

o h oh oh

h a ha ha

ich ich

ohne ohne

haben haben

k

k k k k k k k

Lauter Schleifen:

e, l, b,
f, h, k.

k k

k k

k a ka ka

k l kl kl

c k ck ck

kann kann

klein klein

dick dick

e l b f h k

baden bellen kochen

Wichtige Wörter!

dich, doch, nach, hoch,

laufen – ich laufe, lieben – ich liebe,

machen – ich mache, malen – ich male,

fein, klein, nein

bauen | malen | ~~helfen~~

finden | lachen | kleben

helfen

hell

elf

fallen

hell

blau

lila

blinken

T

Verbinde so.

Ta → *Ta*

Te

Ta

To

Tu

Tee

Tafel

Tonne

Tube

F

H

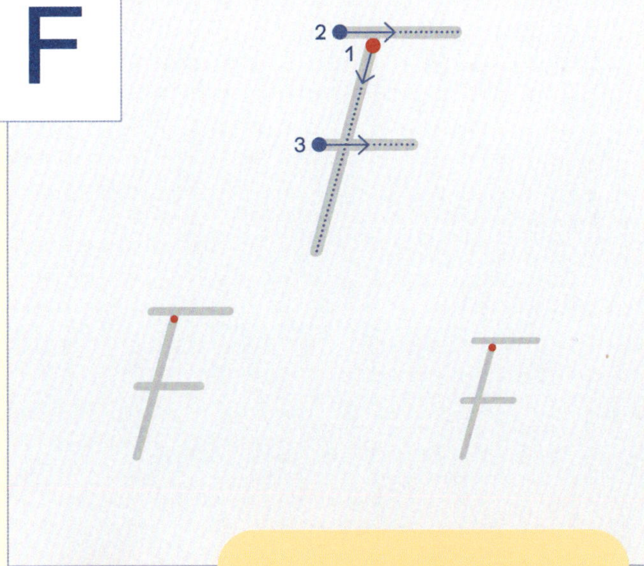

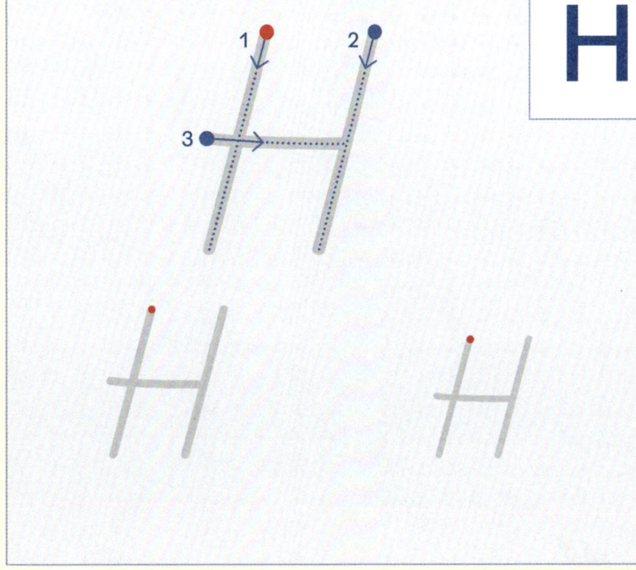

Zum e geht es runter.

Fe, He

F

H

F e Fe

F l Fl

H e He

H u Hu

Fee

Fleck

Helm

Hund

A

Verbinde an der Mittellinie.

Ab → Ab

A

A m Am

A f Af

A l Al

A b Ab

Affe

Album

Abend

Aal

N

M

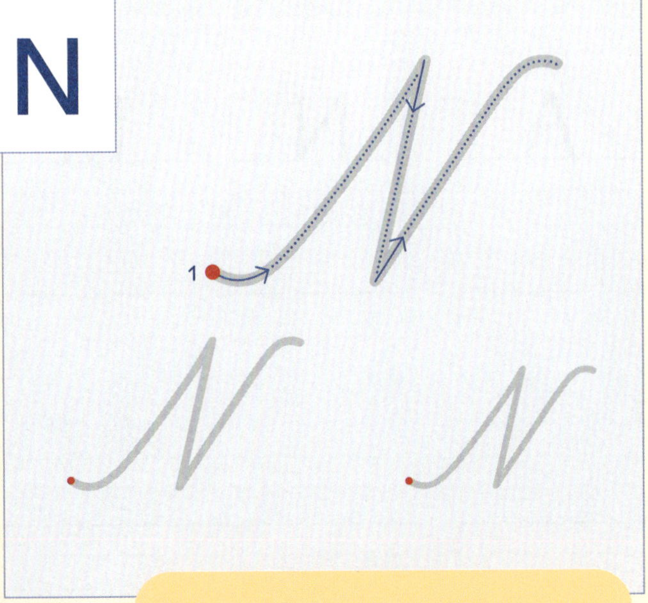

Immer gut verbinden!

Na, Ne, Ni …

Ma, Me, Mi …

N N N

M M M

N a Na Na

N e Ne Ne

M a Ma Ma

M o Mo Mo

Name Name

Nebel Nebel

Mama Mama

Mond Mond

T F H A N M

Tafel Hund Fleck

Alm Nelke Mond

Wichtige Wörter!

Nadel, Nebel, Himmel, Tafel,
Mund, Hund, Abend,
Telefon, Milch, Name

Taube | Affe | ~~Tube~~
Melone | Hof | Flamme

Tube

Nudel | Heu | Album

Nudel

Nadel | Hand

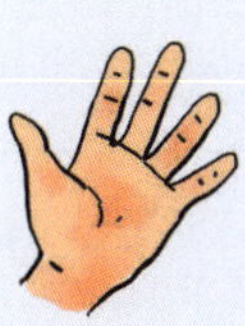

Fleck

Mehl | Tunnel | Fahne

r

Verbinde r am Häkchen.

rn, rm, re...

er

re

rn

rm

immer

reden

lernen

Alarm

p

t

Achte auf
die Verbindungen.

p r → pr
t r → tr

pr

pf

tr

tt

prima

Apfel prima

trinken trinken

Mutter Mutter

P

B

Verbinde so.

P a → Pa

B e → Be

P

B

P a Pa

P f Pf

B e Be

B r Br

Papa

Pferd

Bett

Brief

D

R

D D D

R R R

Achte auf die Verbindungen.
De, Dr,
Ra, Ro ...

D D D

R R R

D e De De

D r Dr Dr

R a Ra Ra

R o Ro Ro

Deckel Deckel

Dreck Dreck

Rad Rad

Rock Rock

r p t P B D R

Ritter Puppe Dieb

raten lernen planen

Wichtige Wörter!

er, der, aber, immer, hinter,

Bruder, Mutter, Birne, Pferd,

mir, dir, ihr, nur, nicht

ein Rabe auf dem Dach

ein Bild im Buch

eine Paprika im Topf

ein Brief in der Mappe

eine

Brief

Brief

Pirat

Delfin

Pfeil

Ampel

Turm

Rock

Pfeife

Drachen

Abschreibtext S. 62

C

O

Im O steckt C.

C

O

C o Co

C h Ch

O m Om

O r Or

Comic

Chor

Oma

Ort

E

1

Ɛ Ɛ Ɛ Ɛ Ɛ Ɛ

E i Ei Ei

E u Eu Eu

E n En En

E l El El

Eimer Eimer

Euro Euro

Ente Ente

Eltern Eltern

G

Das G hat eine Schleife im Keller.

G G G

G a Ga Ga

G r Gr Gr

G e Ge Ge

G i Gi Gi

Gabel Gabel

Gruppe Gruppe

Geld Geld

Giraffe Giraffe

g

g g g g g g

… wie ein kleines *a* mit Schleife. *g*

g g g

g g

g e ge ge

g u gu gu

n g ng ng

r g rg rg

gegen gegen

gut gut

Angel Angel

morgen morgen

C O E G g

C

Auge Onkel Elefant

Cent Gurke gelb

Wichtige Wörter!

liegen – er liegt, bringen – er bringt,

fragen – er fragt, gehen – er geht, geben – er gibt,

die Eltern, der Computer, der Berg

Oma findet Geld.

Die Eltern fahren Rad.

Opa liebt Computer.

Mama trinkt Tee.

Die

Ente

Ente

Ofen

Elefant

Oktober

Regen

Finger

Gabel

Angel

Euro

fegen

grau

geben

Abschreibtext S. 62

S

Verbinde so.

Sa → Sa

S a Sa

S ei Sei

S o So

S e Se

Salat

Seife

Sofa

Sekunde

s

Verbinde so.

s a → sa

s o — so

s e — se

s s — ss

au s — aus

sollen

Dose

nass

Maus

Sch

sch

Sch Sch

sch sch

Sch Sch Sch

sch sch sch

Sch u Schu Schu

Sch e Sche Sche

sch n schn schn

sch l schl schl

Schule Schule

Schere Schere

schnell schnell

schlau schlau

K

K

K

K a Ka

K o Ko

K r Kr

K l Kl

Kater

Kopf

Kreide

Kleber

S s Sch sch K

Sessel Maus Schal

Krone Kasse schlau

Wichtige Wörter!

alles, als, also, schon, bis,

ich bin, du bist, er ist, sie sind,

das Kind, die Klasse, die Schule

Die Schule ist aus.

Die Sonne scheint.

Die Schaukel ist frei.

Alle Kinder essen Eis.

Alle

Nuss

Nuss

Kreis

Sieb

Die Bienen summen.

Die

Eine Amsel singt.

Das Schaf frisst Gras.

Abschreibtext S. 62

L

L L L L L L L

Zwei Wellen bilden das L.

L → L

L L L

L L L

L a La La

L ei Lei Lei

L ie Lie Lie

L eu Leu Leu

Laden Laden

Leiter Leiter

Liebe Liebe

Leute Leute

Z

z

Z Z Z

z z z

Z e Ze Ze

Z i Zi Zi

n z nz nz

A z Az Az

Zehe Zehe

Zitrone Zitrone

ganz ganz

Katze Katze

I

J

I I I

J J J

Vergleiche
die Verbindungen.

In → Ja

I I I

J J J

I n In In

I g Ig Ig

J u Ju Ju

J a Ja Ja

Insel Insel

Igel Igel

Juli Juli

Januar Januar

j

j j j j j j j

Pünktchen nicht vergessen!

j j

j j

j u ju ju

j e je je

j a ja ja

j o jo jo

jubeln jubeln

jeder jeder

jagen jagen

jodeln jodeln

Wiederholen und üben

L Z z l J j

Igel Leine Zebra

Judo Salz jaulen

Wichtige Wörter!

das Jahr, der Junge, die Katze,

die Pflanze, der Zahn, der Arzt,

sitzen – sie sitzt, ziehen – sie zieht

Der Hund jagt die Katze.

Der Igel rollt sich ein.

Die Katze rennt zum Zaun.

Der

Iglu 

Iglu

Jacke

Leiter 

Lutz geht zum Judo.

Lutz

Ines geht zum Tanzen.

Zuri klettert jeden Freitag.

Jana reitet seit dem Juli.

Abschreibtext S. 62

W

w

Verbinde das kleine w so.

wa → wa

Wa Wa

We We

wo wo

we we

Wagen Wagen

Wecker Wecker

wohin wohin

wegen wegen

U

V

U u

V v

Vergleiche die Buchstaben.

U → V

U

V

U r Ur

U n Un

V a Va

V er Ver

Urlaub

Unfall

Vater

Verband

V

Zum e geht es runter.

v e → ve

v e ve

v er ver

v o vo

v or vor

Kurve

verliebt

voll

vorlesen

ÄÖÜ

äöü

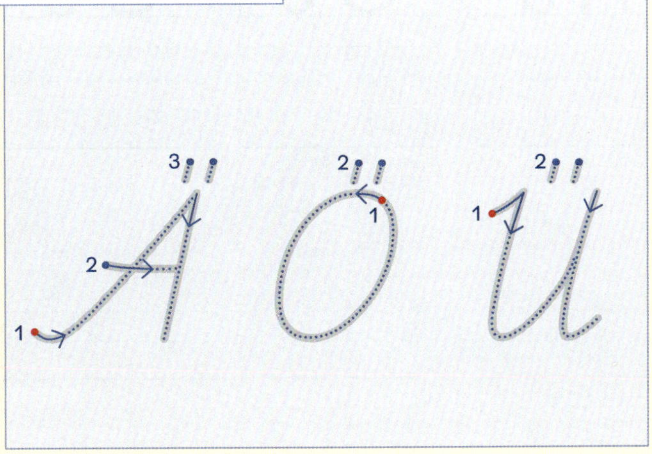

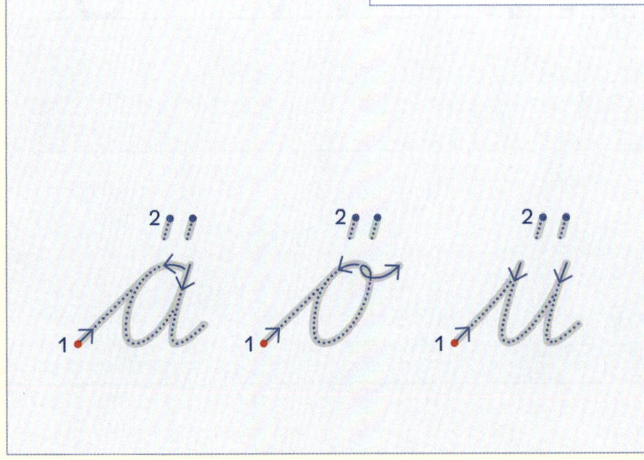

Ä ä Ä ä Ä ä

Ö ö Ö ö Ö ö

Ü ü Ü ü Ü ü

Ärger Ärger

ärgern ärgern

Öl Öl

ölen ölen

Übung Übung

üben üben

Ww Vv U Ää Öö Üü

Ww

Vase Ufo Öffner

Oliven Würfel Mädchen

Wichtige Wörter!

der Vater – die Väter, der Wald – die Wälder,

können, müssen, dürfen,

viel, vor, was, wer, wo

Im Herbst wird es kälter.

Im Winter fällt Schnee.

Im Frühling blüht viel.

Im Sommer ist es warm.

Im

Wir müssen viel trinken.

Wir

Wir müssen die Umwelt schützen.

Jeder soll täglich Zähne putzen.

Bei Grün dürfen wir gehen.

Abschreibtext S. 62

St

st

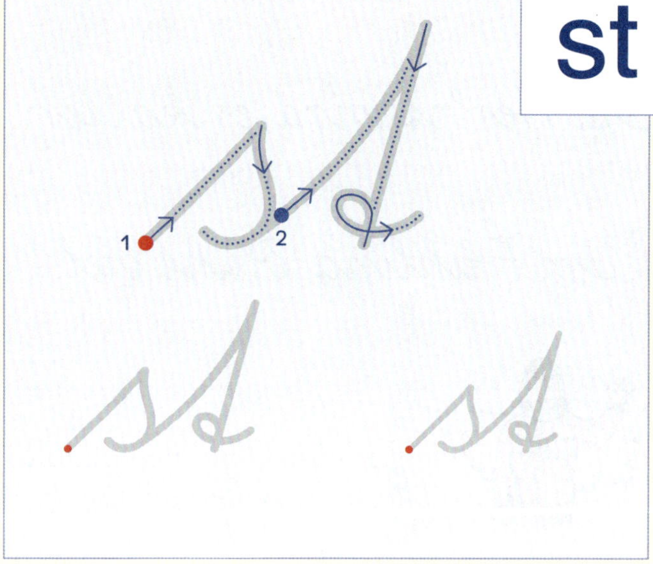

St St St

st st st

St i Sti Sti

St r Str Str

st e ste ste

st a sta sta

Stift Stift

Strand Strand

stehen stehen

stark stark

Sp

sp

Sp Sp Sp

sp sp sp

Sp o Spo Spo

Sp ie Spie Spie

sp a spa spa

sp r spr spr

Sport Sport

Spiel Spiel

sparen sparen

sprechen sprechen

Qu

qu

Qu Qu Qu

qu qu qu

Qu a Qua Qua

Qu e Que Que

qu a qua qua

qu e que que

Quark Quark

Quelle Quelle

quaken quaken

quellen quellen

ß

1

ß ß ß ß ß ß

ß ß ß

ß ß

ß e ße ße

ß ig ßig ßig

a ß aß aß

ü ß üß üß

Soße Soße

fleißig fleißig

Spaß Spaß

süß süß

X

x

Achte auf
die Verbindungen.

xi, xe

xe

xi

ex

ix

Mixer

Taxi

Hexe

fix

Y

y

Y Y Y

y y y

Y o Yo Yo

Y a Ya Ya

b y by by

n y ny ny

Yoga Yoga

Yak Yak

Baby Baby

Pony Pony

Sp sp St st Qu qu

Sp

ß X x Y y

Straße Qualle Axt

Wichtige Wörter!

wir vergessen – wir vergaßen, ich esse – ich aß,

sie sitzen – sie saßen, wir lassen – wir ließen,

sie heißen – sie hießen,

die Hexe, der Stern, die Stunde, groß

Sport macht großen Spaß.

Ein Baby quengelt oft.

Maxi macht Quatsch.

Die Straße ist kurz.

Die

Das Tor quietscht.

Das

Ein Taxi steht auf der Straße.

Yasmin stolpert über Steine.

Im Meer schwimmen Quallen.

Abschreibtext S. 62

nach D R (Seite 29)

Alle malen

Ramon und Diana
holen die Farben.
Theo holt
mit Bella Papier.
Nun malen alle Tiere.
Peter kann tolle Delfine
und Drachen malen. Prima!

nach g (Seite 35)

Rate mal!

Alle kennen mich
und haben mich gern.
Mit mir kann man
Dinge kaufen.
Man nennt mich ...
Alle kennen
den Euro und den Cent.

nach K (Seite 41)

Schnell und langsam

Kein Tier auf der Erde
ist schneller als ein Gepard.
Er lebt in Afrika.
Das langsamste Tier ist
das Faultier.
Es lebt in Amerika.
Ein sehr schnelles Tier
bei uns ist der Feldhase.

nach j (Seite 47)

Im Januar

Im Januar ist das Jahr noch
jung. Die Tage sind kurz.
Man muss schon am
Nachmittag das Licht
anmachen. Manchmal tanzen
Schneeflocken in der Luft.
Bei genug Schnee kann
man Schlitten fahren.

nach Ä Ö Ü ä ö ü (Seite 53)

Scherzfragen

Welche Blätter fallen nie von
Bäumen? die Kalenderblätter
Was hat viele kleine Zähne,
aber keinen Mund? die Säge
Warum fliegen die Vögel
im Winter in den Süden?
Weil es zu weit zum Laufen ist.

nach Y y (Seite 61)

Zungenbrecher

Der Spitzer spitzt den Bleistift
spitzer und spitzer.
Stundenlang stapft der sture
Stier über spitze Steine.
Zungenbrecher soll man
ganz schnell sprechen. Fange
aber zunächst langsam an.

Du kennst jetzt alle Buchstaben,
die großen und die kleinen.
Wie schön du Schreibschrift schreiben kannst,
das darfst du mir jetzt zeigen.

So heiße ich:

In diese Schule gehe ich:

Hier wohne ich:

Straße

Ort

Diese Tiere mag ich:

Das esse ich gern:

Deutsch mit Olli 1

Fibel

Schreiblehrgang

Schulausgangsschrift

Erarbeitet von: Jutta Wild-Penseler

Begutachtung: Silke Bergmann, Blankenfelde-Mahlow

Redaktion: Martina Schramm, Kaarst

Illustration: Petra Eimer, Walsdorf (Papageien)
Hendrik Kranenberg, Drolshagen

Umschlaggestaltung: Corinna Babylon und Jule Kienecker, Berlin

Umschlagillustration: Petra Eimer, Walsdorf

Layout und technische Umsetzung: LemmeDESIGN, Berlin

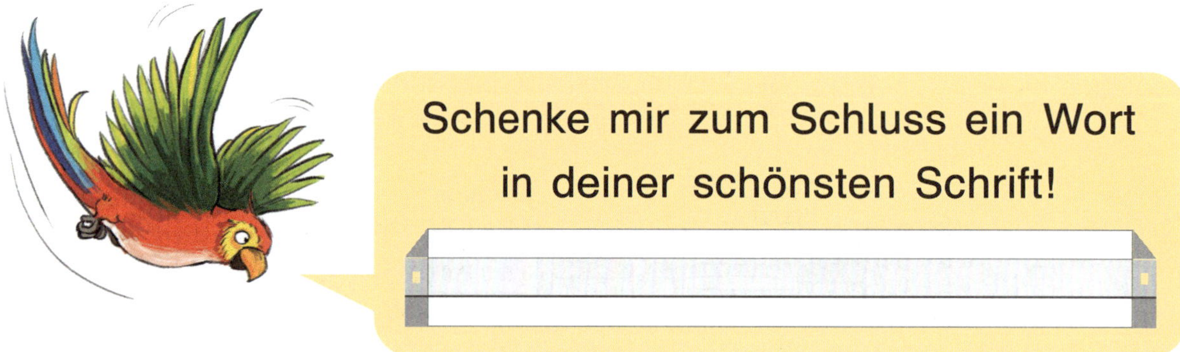

www.cornelsen.de

1. Auflage, 1. Druck 2021

Alle Drucke dieser Auflage sind inhaltlich unverändert
und können im Unterricht nebeneinander verwendet werden.

Druck: Athesiadruck GmbH

ISBN 978-3-06-084997-0

PEFC/18-31-166

PEFC zertifiziert
Dieses Produkt stammt aus nachhaltig bewirtschafteten Wäldern und kontrollierten Quellen.
www.pefc.de